HISTOIRE

ET

ANTIQUITÉS

DES COMMUNES DE DURCET, DE Ste-OPPORTUNE, DE St-PIERRE-DU-REGARD ET DE Ste-HONORINE-LA-CHARDONNE

Avec les faits historiques qui se rattachent aux Sires des communes de l'arrondissement de Domfront (Orne)

PAR FEU M. EUGÈNE LAINÉ DE NÉEL

DE MESNIL-HUBERT-SUR-ORNE

Homme de lettres et membre de plusieurs sociétés savantes

ET PUBLIÉES PAR SON FRÈRE ARSÈNE

Membre collaborateur de la Revue universelle des sciences, des lettres et des industries de Voltri (Italie)

Avec la médaille d'honneur de première classe, récompense de ses travaux littéraires, et membre de l'Association normande et autres sociétés savantes

Prix 1 franc

VOICI LA DEVISE DE L'AUTEUR :

Ecrire sur la moralité et sur les faits historiques, politiques, philosophiques et scientifiques.

DE NÉEL

BELLÊME, IMPRIMERIE DE E. GINOUX, 1880.

HISTOIRE

ET

ANTIQUITÉS

DES COMMUNES DE DURCET, DE Ste-OPPORTUNE, DE St-PIERRE-DU-REGARD ET DE Ste-HONORINE-LA-CHARDONNE

Avec les faits historiques qui se rattachent aux Sires des communes de l'arrondissement de Domfront (Orne)

PAR FEU M. EUGÈNE LAINÉ DE NÉEL

DE MESNIL-HUBERT-SUR-ORNE

Homme de lettres et membre de plusieurs sociétés savantes

ET PUBLIÉES PAR SON FRÈRE ARSÈNE

Membre collaborateur de la Revue universelle des sciences, des lettres et des industries de Voltri (Italie)

Avec la médaille d'honneur de première classe, récompense de ses travaux littéraires, et membre de l'Association normande et autres sociétés savantes

Prix 1 franc

VOICI LA DEVISE DE L'AUTEUR :

Ecrire sur la moralité et sur les faits historiques, politiques, philosophiques et scientifiques.

DE NÉEL

BELLÈME, IMPRIMERIE DE E. GINOUX, 1880.

Hommage de l'auteur

A Mgr l'évêque de Sées des communes qui sont mentionnées dans cet ouvrage. rédigé par feu mon frère, qui fut le type de la fidélité française, et faisant partie de l'évêché de Monseigneur, comme étant un faible témoignage du plus profond respect du très humble serviteur de Mgr l'évêque de Sées.

ARSÈNE-LAINÉ DE NÉEL

ÉPITRE DÉDICATOIRE

A *Monseigneur l'évêque de Sées*

Je ne puis faire différemment que de prier Monseigneur
d'agréer cette petite histoire que la faible plume de feu
mon frère avait rédigée sur les communes dont vous
êtes, Monseigneur, le grand pasteur. Depuis que vous
êtes le chef suprême de ce diocèse, vous édifiez tous
ceux qui sont sous votre dépendance par votre moralité,
par votre prudence, et par votre bonté. Je me rappelle
que quand Votre Grandeur s'est abaissée, le chapeau à
la main, je lui ai été présenté par notre bon et digne
pasteur, qui est digne d'exemple, et je vous ai adressé quelques paroles; vous aviez toujours le chapeau à la main, et
moi je vous dis, Monseigneur, de vous coiffez, ce que
vous fîtes. C'était à l'extrémité de la commune que
j'eus l'honneur de vous parler, lorsque vous êtes des-
cendu de votre voiture. Les habitants de Mesnil-Hubert
avaient été jusqu'à la limite de notre commune pour
avoir l'honneur de vous accompagner jusqu'au presbytère

Monseigneur, c'est pour vous marquer notre reconnaissance de nous avoir fait l'honneur de nous adresser
une carte de visite (on l'a reçue pendant que j'étais aux
courses à Caen, et on me l'a mandé) que nous avons
l'honneur de dédier cet ouvrage à Votre Grandeur qui
est douée d'une intelligence qui vous a procuré un
avancement rapide, puisque vous êtes aujourd'hui le
chef du diocèse de Séez, poste plus brillant que celui
que vous occupiez avant. Vous êtes l'honneur du clergé
français et le digne interprète entre le ciel et votre grand
troupeau ; vous êtes le bon pasteur qui gouverne et
conduit son troupeau dans la voie de la vertu. Quand
Dieu vous appellera, ce sera pour récompenser en vous
l'homme de bien, et pour déposer sur votre tête bien
heureuse la couronne immortelle comme étant la récompense due à toutes vos vertus. Nous vous prions bien,
Monseigneur de nous pardonner la hardiesse que nous
prenons en vous dédiant cet ouvrage, et nous vous

prions également d'agréer l'hommage respectueux du plus humble de vos serviteurs.

LAINÉ DE NÉEL.

Tout dévoué pour la liberté religieuse

Ce 4 janvier 1883.

NOTA. — Lorsque cet évêque passa par la commune de Ménil-Hubert pour aller confirmer en celle de Segrie-Fontaine, je fus le seul qui lui fut présenté par notre respectable curé lorsqu'il mit le pied sur cette commune, à la descente de sa voiture, le curé, parce que notre famille a donné un évêque à ce diocèse dans la personne de Néel. Christo, depuis cet endroit jusqu'à l'autre bout du bourg, une foule de monde se présentait pour voir passer Monseigneur. A la campagne, sur un parcours de 5 kilomètres, c'était de place à autre des arcs de triomphe. Il paraît que jamais aucun évêque n'a été aussi bien reçu que celui-ci dans le parcours de son évêché.

LAINÉ DE NÉEL

Soutien du trône et de l'autel.

Ce 23 août 1882.

Pour rendre hommage à la vérité, je dois dire ici, à la louange du clergé français, quoiqu'on en dise, qu'il est, par sa moralité, par la foi et la conviction qu'il a, le premier clergé du monde, et sa mission est de le civiliser en le tirant de la barbarie pour le réunir aux pasteurs de ce grand troupeau de la civilisation romaine. Je conviens ici que parmi ces membres il y en a qui s'écartent de la voie des vertus ; ceux-là, on les laisse de côté ; je parle en général, et je ne puis non plus passer sous silence toutes les injustices que l'on commet dans plusieurs états de l'Europe contre la religion catholique romaine. Qu'ils pensent qu'ils auront beau faire souffrir les membres de ce grand corps et chercher à détruire la religion par tous les moyens possibles lesquels ne peuvent être enfantés que par les esprits sataniques, qu'il en sera d'eux comme de leurs devanciers et qu'elle triomphera de tous ces tyrans. Ils tomberont tous les uns après les autres ; voilà le sort qui leur est réservé. Nous prédisons aussi que parmi ces persécuteurs il y en aura dont leur fin sera aussi tragique que surprenante. La religion que tous ces brigands de tyrans veulent anéantir , surmontera tous leurs obstacles et s'entendra malgré tous ces persécuteurs sur tous les points de l'univers, et après il viendra une réforme que les circonstances obligeront de faire, ce qui la rapprochera vers sa discipline primitive, et elle sera vénérée et respectée de tous les peuples qui chanteront les louanges de Dieu, notre créateur et le bienfaiteur de son ouvrage, et ses ennemis seront tous haïs ; alors, applaudissement général par tous les peuples de la chrétienté, car son institution est cimentée par le sang de son fondateur et par celui des martyrs.

Hélas ! l'homme n'a pas compris ce bonheur consommé que le Créateur prépare à ceux qui font le bien pendant leur passage sur cette terre et en agissant ainsi ils l'ont aimé. La vertu dans les cieux reçoit une récompense qui surpasse notre idée et notre intelligence. Oui, si vous voulez vous rapprocher près de Dieu, faites du bien quand vous en trouverez l'occasion. Je pense que c'est la chose qui est la plus agréable à Dieu.

LAINÉ DE NÉEL

Mesnil-Hubert-sur-Orne, ce 3 janvier 1883.

Commune de Durcet

Un seigneur de cette commune se trouve à la conquête d'Angleterre, son nom figure sur presque tous les catalogues de cette expédition. Il se trouve sous le nom de Sauvage ; il est assez probable qu'il suivit à la conquête le baron de Tournebû, car il tenait sa terre qui relevait immédiatement de ce seigneur. Un autre Sauvage accompagna le duc Richard à la croisade qui se termina par la prise de Jérusalem (Voir du Moulin). Robert le Sauvage et Lucie, sa femme, donnent à l'église et aux religieuses de Sainte-Marie de Villers toute la terre appelée le fief Populine. Jean de Tournebû déclare, par une charte sans date qu'il confirme cette donation comme dépendant de son domaine dans le territoire de Durcet ; et il annonce qu'il la confirme en la munissant de son sceau, en présence de Raoul Travers, d'Eudes Fitz-Erneiz, de Robert de Pierrefitte et de Jean Chapelain de Fontaines.

Jean de Tournebû, par une autre charte sans date, donne et confirme à Sainte-Marie de Villers le fief Populine, ainsi que celui de Vaossel, situé dans le territoire de Durcet, entre Juigny et le chemin de Falaise. Cette charte fut faite en présence de Raoul Travers ; Roger, fils de Richard, Jean, chapelain de Fontaines, Olivier Sacy, Adam Poret et autres.

Simon de Tournebû, par une charte sans date, donne à Sainte-Marie de Villers tout ce qui lui appartient sur la dime de Durcet ainsi que celle des terres que Guillaume Sauvage et Raoul, fils de Roger, avaient données au dit prieuré. Témoins : Guillaume Puchenot, Guillaume Sore, Robert de Fontaines, Raoul d'Acqueville, Hugues de Potigny et autres.

Lettre de G..., évêque du Mans, adressée aux religieuses de Sainte-Marie de Villers, par laquelle il leur annonce que, par suite de la contestation qui s'était élevée entre elles et Guillaume le Sauvage, au sujet du patronage de l'église de Durcet, ce dernier a renoncé en sa présence à tous les droits de présentation ou autres qu'il réclamait sur la dite église. Il termine sa lettre par les mots : *pax x i habitet in cordibus vestris*. Depuis cette époque l'abbaye de Villers a toujours présenté à la cure jusqu'à la révolution de 1789.

Thomas de Durcet, du consentement de son fils, Robert, et de ses autres enfants, donne à Sainte-Marie de Villers un champ situé près de ce monastère, ainsi que les droits qui lui étaient dus sur le moulin de Villers, sous la condition que les dites religieuses lui donneraient un cheval, plus cinq sols angevin à son fils Robert et douze deniers à chacun de ses autres enfants. Cette charte fut faite en présence de Hugues, prêtre, Robert la Troite, Etienne de la Vallée et autres.

Robert la Troite donne à Sainte-Marie de Villers le pré de Largilly, situé dans le territoire de Durcet, et il reçoit 20 sols manceaux pour cette donation.

Guillaume Courtin abandonne, en 1219, aux religieuses de Villers, tous les droits qu'il pouvait avoir sur le clos de Durcet, donné par ses ancêtres.

Révérend d'Aunay, curé de Durcet, vend à Jean d'Ussy, écuyer, en 1258, tout ce qu'il possédait dans la paroisse de Saint-Vigor-de-Villers, pour le prix de quarante livres tournois.

Voilà tout ce que je pus me procurer de renseignements sur la famille Sauvage (Voir le cartulaire de l'abbaye de Villers) armes de Sauvage semblables à un labelle de gueules (voir Du Moulin.)

Cette seigneurie a passé dans la famille des Leforestier. Je vois un Robert Leforestier, seigneur de Durcet, qui fait preuve de noblesse devant Monfault, en 1463.

Un Guillaume Leforestier est cité parmi les morts qui qui se trouvent à la bataille d'Azincourt en 1415 (voir Masseville). Peut-être appartenait-il à la commune qui m'occupe dans ce moment. Un Nicolas Leforestier obtint du roi en mars 1613. une charte par laquelle il fût maintenu et confirmé en la possession de noblesse, il expose que sa maison avait été saccagée. et que ses titres avaient été perdus du temps des Anglais, il remonte sa filiation jusqu'à Robert Leforestier, qui est conservé noble par la recherche de Monfault, en 1463. (Voir Laroque par son traité).

Il y a deux fiefs nobles dans cette paroisse : le premier était un quart de fief appelé Durcet. relevant de la baronnie de Tournebû dépendant de la vicomté de Falaise. sujet de lui payer 4 sols 2 deniers tournois par an.

L'autre fief noble, nommé Magny, relevant aussi de la baronnie de Tournebû et du ressort de la vicomté de Falaise, sujet de payer 4 sols tournois de rente par an. à Pâques, à la vicomté (voir le papier terrier de Falaise en manuscrit). Ces deux fiefs appartenaient à la famille Leforestier. ils ont été érigés en marquisat depuis 1550. Il m'a été impossible de savoir en faveur de qui le marquisat passa dans la maison d'Anzerai. par le mariage d'Etiennette Leforestier avec Pierre d'Anzerai. seigneur de Courvandon (1). succéda la famille de Thibout. Cette terre fut vendue par un seigneur de Thibout à M de Saint-Denis qui ne put payer ce domaine. Il passa par adjudication en 1825 et fut acquis par la Bande noire 216,000 francs et fut revendu à M. le marquis de Torcy, propriétaire actuel. Les fondements du beau château de Durcet ont été jetés dans le seizième siècle. L'architecte fut le célèbre Jules Hardouin Mansard, surintendant et ordonnateur des bâtiments du roi. Il fut bâti sur le modèle du Luxembourg. Des fosses très profondes remplies d'eau l'entourent de tous côtés. On n'y entre que par un pont qui a remplacé un pont-levis qui a été détruit vers 1800. La vue s'étend de là au loin vers Landigou. Une

---

(1) Armes de Leforestier. d'argent au lion, de sable, armé, lampassé et couronné de gueules.

aile du château a été démolie, et les matériaux vendus par les héritiers du propriétaire, en 1808. Il existe encore une aile ; la façade, simple et de bon goût, est surmontée par les armes du fondateur, avec une couronne de marquis, à droite du pont-levis. Dans l'enceinte, il y avait jadis une chapelle.

Il y avait dans cette paroisse une haute-justice, érigée en 1702 par Louis XIV, qui comprenait les communes de Landigou, les Tourailles, Sainte-Opportune. L'église est dédiée à Notre-Dame du Rosaire. Le curé n'avait que le tiers de la dîme, les deux autres tiers appartenant autrefois à l'abbaye de Villers-Canivet. Plus tard ils furent acquis par l'un des seigneurs du lieu, ils la percevaient encore en 1789. Il n'y avait pas de droit de champart.

Gabiel Lefebvre, né le 21 septembre 1670, à Durcet, avait servi dans l'infanterie et la cavalerie pendant toute la guerre de la succession d'Espagne. La gaieté de son caractère lui fit conserver jusqu'à ses derniers jours une santé robuste et toute sa présence d'esprit ; il mourut à Bayeux en 1770, âgé de 108 ans, 3 mois et 14 jours.

Cette commune dépendait en 1789 du doyenné de Briouze ; elle a toujours fait partie de l'évêché de Sées, du bailliage et de l'élection de Falaise, de la sergenterie de la Forêt-Auvray, de la généralité d'Alençon. La seule commune de ce nom en Normandie. En 1720 il y avait 118 feux. Actuellement, sa population est de 667 habitants.

Le nombre de moulins est de trois, les moulins de Durcet et de Choisel, qui sont alimentés par la rivière de Rouvre, et le moulin de la Tretière qui est alimenté par le ruisseau de Gigne. Le maire est Monsieur Aunay et le curé est Monsieur Blain, qui a fait paraître une histoire de Durcet en 2 volumes in-8, prix 10 francs. Nous lui avons communiqué le manuscrit des communes de cet arrondissement par l'entremise de M. Daubichou, curé de Mesnil-Hubert-sur-Orne, ces Messieurs étant venus à la maison.

Note du frère de l'auteur.

Ce 1er janvier 1881.

LAINE DE NÉEL.

Commune de Saint-Pierre-du-Regard.

Les Harivel sont les plus anciens gentilshommes de cette commune que j'aie trouvé à l'époque de la recherche de Montfault, en 1463. Le propriétaire s'appelait Jean le Harivel, sieur de Saint-Pierre-du-Regard (1) et portait pour armes champ de gueules chargé de trois roses d'argent.

Je retrouve un Richard et Nicolas le Harivel qui font preuves de noblesse dans la recherche de Roissy, en 1598, ils s'intitulaient sieurs du Theille, de Beaumanoir, demeurant à Saint-Pierre-du-Regard (voir le nobiliaire de Turgot en manuscrit).

Je trouve dans la même recherche un Jean et Guillaume Sallet frère reconnu noble. Marie-Jacquelin-Eléonore le Harivel porta cette terre pour dot en 1715. Alexandre-César de Prépetit, écuyer, sieur de Saint-Pierre, officier de la garde royale, fils de Prépetit, sieur de Saint-Pierre, fut le dernier gouverneur du bourg et du château de Condé-sur-Noireau en 1711 (voir l'abbé Barette). Alexandre avait deux frères, l'un était Charles-François-René de Prépetit, écuyer, capitaine d'infanterie, et l'autre était Pierre-Isaac de Prépetit, officier des gardes du corps, chevalier de Saint-Louis. Alexandre de Prépetit et la demoiselle le Harivel eurent de leur mariage plusieurs garçons qui étaient dans les gardes du corps à l'époque de la révolution de 1789 ; alors ils furent renvoyés dans leurs foyers. Deux de ces Messieurs se rangèrent sous les drapeaux du comte de Frotté, général vendéen. Ils sont morts tous deux victimes de leur fidélité et de leur dévouement à la cause des Bourbons. Cette famille était originaire de la paroisse de Proucy. Je vois dans le cartulaire de l'abbaye du Plessis, en 1390, un Guillaume de Prépetit qui donne à ce prieuré, pour le mariage de Jeanne, sa fille, avec Robin d'Orbigny, une rente à prendre dans la paroisse de Proucy Leurs armoiries sont : champ de sinople à la face d'or chargé de trois merlettes d'argent, deux en chef et une en pointe, avec couronne de comte, deux lions pour support.

---

(1) Il ne fut pas reconnu noble et fut assis à la [illegible] fut ennobli plus tard.

Il existe dans cette commune une famille de Cœurdoux, connue depuis longtemps dans le pays ; plusieurs ont occupé des fonctions de magistrature à Condé-sur-Noireau. Un de Cœurdoux était garde du corps de la compagnie de Luxembourg, chevalier de Saint-Louis, il avait servi dans les guerres d'Allemagne ; il assista à la bataille de Fontenoy, si mémorable à la France, livrée le 11 mai 1745 ; il était porte-guidon de cette compagnie, ce même guidon qui figura à cette fameuse bataille, se voit encore en ce moment dans le château de Moissy, appartenant à M. Manuel de Cœurdoux. Son fils, est chef d'escadron, chevalier de Saint-Louis, en retraite, et il me l'a fait voir ; il est de soie brune, un soleil jaune au milieu, une bordure noire magnifique autour. Ce vieux guidon, qui flotta à la tête de ces vaillants chevaliers, a été témoin de cette héroïque victoire si honorable à la France, où cette illustre noblesse s'immortalisa et donna tant de preuves de sa valeur, cette action décida du sort de la guerre et prépara la conquête des Pays-Bas (voir l'histoire de la guerre de 1741, imprimée à Amsterdam en 1755). Son gendre, M. de Mésange, mon cousin, issu de Saint-Germain, a fait encadrer ce guidon en le surmontant de la croix de St-Louis de celui qui a eu l'honneur de le porter. Il est vraiment digne d'être conservé et mérite une page dans l'histoire. Ce M. de Cœurdoux a, de son mariage, encore une autre demoiselle ; elle a épousé M. de Bruneville, mon parent.

Ce M. de Cœurdoux n'a eu qu'un fils ; il était lieutenant d'état-major à la prise d'Alger. Le château de Moissy, bâti près d'un siècle par M. de Cœurdoux, garde du corps, n'a qu'un étage et est couvert en ardoise : il y a des caves sous terre. Pour arriver au rez-de-chaussée, il faut monter un perron. La façade avance un peu sur le milieu et fait face à des prairies qui se trouvent renfermées au nord et à l'ouest entre la route de Condé à Flers.

C'est dans cette commune que se trouve le village de Samois, il y a un ancien logis qui ne présente aucun fait remarquable, appartenant à une famille de Samois. Savary de Samois figure comme témoin dans la charte de donation de l'église de Saint-Cormier à l'abbaye du Plessis par Richard de Champernon, vers le XIᵉ siècle (voir le cartulaire).

L'abbé de la rue rapporte un Robert Samois, chevalier, qui remonte à Philippe de Valois, que ses ancêtres avaient toujours joui des droits du marché du vendredi de la place Saint-Sauveur de Caen, mais qu'ayant quitté Caen vers l'année 1280, pour aller demeurer dans le Bocage, ils avaient, depuis cette époque, négligé le maintien de cet établissement et perdu la perception des revenus qu'il produisait. Enfin il lui demanda de rétablir ce marché et de confirmer les anciens droits de sa famille. Le roi fit informer de la vérité des faits, et comme il résulta de l'enquête qu'ils étaient constants, il maintint par ses lettres-patentes données à Arras au mois de juillet 1340, le dit chevalier et ses pairs dans le droit du marché du vendredi et des revenus.

Cette commune fut ravagée en 1616 par les troupes du seigneur de Heurtevent; il avait levé de nombreuses compagnies de gendarmes pendant les troubles qui agitèrent la France pendant la minorité de Louis XIII. Il se livra à toute sorte de tyrannie, ses troupes violèrent plusieurs filles et femmes ; ils dérobèrent, emportèrent et brûlèrent tous les biens des pauvres paysans et les prirent à rançon, et même ils brûlèrent leurs maisons jusqu'à en réduire la plupart à l'aumône. Il parcourut nos campagnes et y laissa des traces de cruautés (voir le manuscrit de Faucault).

Cette seigneurie relevait de la châtellenie de Condé-sur-Noireau, suivant l'aveu rendu par ' reine Blanche de Navarre, le 1er mai 1388, au roi Charles VI. Cette commune dépendait du bailliage et de la haute-justice de Condé-sur-Noireau, de l'élection de Vire et de la généralité de Caen, du doyenné de Condé et de l'évêché de Bayeux. En 1720, le nombre de feux était de 163, sa population se montait en 1807 à 975 habitants, et payait d'impôts 6,778 fr. 34 c., et actuellement, sa population est de 1601 habitants.

Cette commune possède deux moulins, celui de la Roque, alimenté par la rivière de Noireau, et celui des Vaux-de-Vère, alimenté par la rivière de Vère.

Le domaine de Samois était tenu pour un demi-fief de chevalier, relevant de la châtellenie de Condé, sujet à hommage et à payer 9 livres 13 sols d'aide à la vicomté, et à faire le service à la forteresse de Condé-sur-Noireau, et en être le garde militaire (voir l'aveu de la reine Blanche, manuscrit).

Michel de Villenne, chevalier, était seigneur de Samois lors de l'aveu. Il l'avait acquis naguère de Guillaume de Samois, chevalier. En 1388, Collin Harivel, écuyer, tenait une franche vavasserie appelée le Toil assis en cette paroisse, et s'étend en la paroisse de Saint-Martin-de-Condé, sujet à hommage et à payer 20 sols tournois d'aide à la vicomté de Condé, 2 tiers d'avoine par an au terme de Pâques, et à monter la garde au château de Condé.

Jean de la Houssaye tenait en 1388 de Jean de Falaise, prêtre, un sixième de fief de Haubert, appelé le fief de Langedelle, tenu franchement à cour et usage assis en cette paroisse. Cette terre était tenue en arrière-fief de la châtellenie de Condé, sujet à 10 livres 6 sols tournois d'aide à la vicomté de Condé.

Raoul Sallet tenait, en 1388, de Jean de Falaise, écuyer, un sixième de fief, assis en cette paroisse, et était tenu en arrière-fief de la châtellenie de Condé, sujet à cour et usage. Il fut donné jadis pour dot de mariage à Jean de Breuil, où le dit Sallet par échange de Jean du Breuil et de Guillaume son fils.

En 1388 l'abbaye de Savigny possédait plusieurs places de maisons en cette paroisse pour des prières et des oraisons. En 1388, l'abbaye de Boulay tenait de la châtellenie de Condé un fief franchement et noblement à cour et usage à gage-plège, assis en cette paroisse, auquel fief sont incorporés les moulins de la Vogue et la place où était le moulin à vent n'en font fort prières et oraisons.

Le Maire est Monsieur Lebreton ; le curé est l'honorable Monsieur Barbé, descendant, du côté des mères, de la maison de France, branche des Valois par l'un des fils du roi de France. La population est de 1935 habitants.

Commune de Sainte-Opportune.

Elle était à la nomination de l'abbaye du Val ; il y a deux fiefs nobles dans cette commune, relevant tous deux de la baronnie de Tournebû, dépendant du baillage de l'élection et de la vicomté de Falaise, de la sergenterie de la Forêt-Auvray. Le premier fief noble était sujet de payer par an 10 sols tournois de rente au terme de Pâques au domaine du vicomte de Falaise (voir le papier terrier de Falaise). Les Chennevières sont les plus anciens seigneurs de cette commune que je trouve inscrits parmi les familles reconnues nobles dans la sergenterie de la Forêt-Auvray, par Montfault, en 1463. Deux sont cités à la fois: Georges et Louis ; cette famille a été ennoblie aux francs-fiefs (voir Turgot). Un Charles de Chennevières, seigneur de Sainte-Opportune est conservé dans la recherche de la noblesse de 1598, par Roissy. Le même seigneur était avocat général en la cour des aides de Normandie en 1612. Ces seigneurs obtinrent un arrêt de noblesse des aides de Normandie, du 16 novembre 1525 (voir Turgot). Amiot, histoire de Rouen, rapporte, en 1632, un Philippe de Chennevières, son fils, seigneur de Sainte-Opportune, avocats généraux en la cour des aides de Normandie ; enfin un Georges de Chennevières fait preuve de noblesse sous Louis XIV, par Hector de Marle, intendant de la généralité d'Alençon en 1666.

Cette seigneurie passa dans la famille Auvray. Je trouve un Louis Auvray, seigneur de Sainte-Opportune, qui a un procès au grand conseil entre l'abbé et les religieux de l'abbaye du Val, pour l'obliger à se départir de la possession de la dime et du patronage du dit lieu, aliénée en 1592, pour être réuni aux domaines de l'abbaye du Val (voir le cartulaire). Ces deux fiefs nobles, en 1789, appartenaient aux seigneurs de Durcet. Le curé n'avait que le tiers de la dîme, le seigneur de Durcet possédait les deux autres tiers en 1780, pas de droit de champart. Elle dépendait du doyenné de Briouze ; elle a toujours fait partie de l'évêché de Sées. Actuellement, sa population est de 754 habitants. Le maire est Monsieur Bonvalet, et le curé Monsieur Féret

---

Commune
de Sainte-Honorine-la-Chardonne.

Sa population se montait en 1700 à 800 catholiques et 300 protestants ; le nombre des feux était de 132. En 1809, sa population était de 1500 habitants, et payait d'impôts 9,196 fr. 47 c. Actuellement, sa population est de 1514 habitants. Jadis cette commune était séparée en deux cures ; la première sous le titre de Sainte-Honorine-de-la-Chardonne, sous l'invocation de Sainte-Honorine, et à la présentatation du prieur de l'abbaye du Plessis-Grimoult. Son revenu se montait, en 1748, à mille livres. La seconde, sous le nom de Saint-Jean-de-la-Chardonne, avait pour patron Saint-Jean-Baptiste, à la nomination du baron de Saint-Sauveur. Son revenu était évalué, en 1748, à huit cents livres. Cette paroisse n'avait qu'une seule église pour les deux cures, qu'un seul registre pour les baptêmes, mariages et inhumations, et un seul rôle de taille. Les deux curés avaient le même titre et desservaient chacun leur semaine alternativement. Toutes fonctions curiales étant interdites à celui qui n'était pas de semaine, un tiers de la dîme appartenant par inféodation au baron de Saint-Sauveur, un autre tiers appartenant au prieuré de Plessis-Grimoult ; ce droit de dîme avait été donné au prieuré en 1285 par Roger, dit de Champion (voir le cartulaire de cette abbaye). Le reste de la dîme était séparé entre les deux curés ; ils se séparaient également les fruits et la verdure. Le partage ne pouvait se faire sans trouble ; tant de mélanges occasionnaient de fréquentes discussions et des divisions presque continuelles, non-seulement entre les curés, mais encore entre le troupeau (archives du château de Saint-Sauveur).

La première portion était desservie, en 1775, par François-Eustache, et la seconde par Louis-François Houvet de la Houardière. Le sieur Eustache étant venu à décéder, messire Claude-Nicolas-Michel de Saint-Sauveur, chevalier, baron du lieu, profite que la cure était vacante pour mettre fin à toutes ces discussions. Il présente, du consentement du prieur de l'abbaye du Plessis-Grimoult, une requête le 28 février 1778, à Joseph-Dominique de Cheylus, évêque de Bayeux, pour réunir les deux cures en une seule. En conséquence, l'évêque, par une ordonnance, nomme le 18 août 1778 le sieur de Mortreux, curé de Villy, et le doyen de Villers, pour faire enquête de la commodité et incommodité de l'union des deux cures.

Par la même ordonnance, il nomme le sieur Brisset, curé de Bazoque, et le doyen de Condé-sur-Noireau pour défendre les intérêts de la première portion du bénéfice, vacante par la mort du sieur Eustache, dont le sieur Houvet était en possession. L'abbé Le Mercier, en sa qualité de prieur commandataire du prieuré du Plessis-Grimoult, donne sa procuration passée devant les notaires de Paris, le 12 mars, au sieur Gabriel le Cois, chapelain de la chapelle du Buat. Les religieux du Plessis-Grimoult donnent leur pouvoir à dom François-Vincent Gondon, chanoine régulier, prieur claustral, en date du 20 juin, contrôlé à Condé le 30 septembre, pour les représenter capitulairement. Le sieur Morteaux, acceptant la commission, ordonne que toutes parties intéressées ainsi que les témoins soient assignés à comparaître devant lui au manoir presbytéral du curé d'Athis, et affichés pendant trois dimanches consécutifs à la grande porte de l'église de Sainte-Honorine. Les citations faites par le sieur Pierre Cailly, archer, garde de la connétablie et maréchaussée de France, résidant à la Carneille, à paraître le 21 octobre au lieu désigné pour recevoir leurs moyens de faveur ou d'opposition. Une partie des habitants, après avoir comparu, s'opposèrent à l'union, en disant que la commune a toujours été desservie par deux curés en titre, que les pauvres y sont en grand nombre, que les charités sont plutôt faites par deux titulaires que par un seul, si l'un refuse de la paille, il en trouve chez l'autre, et firent une opposition par le ministère de Jean-Baptiste Dayoult, huissier, en date du 4 novembre suivant. Le procès-verbal cite les sieurs Guillaume Leveneur, Guillaume Sehire, Gervais de Lozier et Louis le Marchand. Ils furent déboutés de leur opposition et sentence rendue par l'official général du diocèse, le 30 avril 1770, la sentence délivrée et signifiée par le sieur Cailly, aux paroissiens de Sainte-Honorine, le 24 mai, et contrôlée à Condé le même jour. Le sieur de Mortreux eut ordre le 28 courant de faire une seconde enquête, et les témoins furent cités par le sieur Cailly à paraître le 15 juin, au presbytère d'Athis. Il n'y eut aucune opposition, et procès-verbal dressé. Sur cette information, l'évêque de Bayeux donne un décret à Versailles le 1er août 1770, par lequel il supprime le titre du bénéfice cure de Saint-Jean-de-la-Chardonne, le réunit annexe, et incorpore tous les droits, biens et revenus, attachés à la dite portion, même la maison presbytérale, aux titre et portion de Sainte-Honorine-la-Chardonne, et lui donne pour second patron Saint-Jean-Baptiste ; la cure, à la présentation du prieur commandataire du Plessis-Grimoult, et au baron de Saint-Sauveur, alternativement et à perpétuité, et lui donne un vicaire, ces honoraires payés par le titulaire.

Je vois dans le procès-verbal, rendu le 15 juin à Athis, que le sieur de Mortreux visita l'église qu'il trouva dans un état déplorable, que le plafond de la sacristie avait besoin d'être relevé, que le lambris du sanctuaire et du chœur devait être raccommodé en plusieurs endroits, que la couverture de la nef était totalement en ruine du côté du midi, que l'eau tombait dedans et avait endommagé un des quatre pilliers de bois qui soutenaient le clocher qui était près de tomber, que la nef et le chœur n'étaient point pavés, que les bancelles étaient en mauvais état et qu'elles ne tenaient à rien, que les portes de l'église étaient mauvaises, que la couverture de la sacristie était à refaire à neuf, que la maison presbytérale de la première portion était en mauvais état, et celle de la seconde portion inhabitable.

L'évêque, par son décret, donne six mois pour les réparations de l'église, faute de quoi elle demeurerait interdite de plein droit ; le présent décret signé par l'évêque et au sceau de ses armes, et par son secrétaire de Launay, enregistré à Bayeux le 30 août 1779 ; le présent décret affiché à la grande porte de l'église de Sainte-Honorine le 12 septembre ; par le sieur Cailly contrôlé à la Carneille le 13 septembre. Parmi les témoins que je vois dans les procès-verbaux, on cite entre autres François-Jean-Antoine Poret, seigneur de Berjon, Julien de la Ferrière, sieur de la Boissandière, et Jean le Comte, sieur de la Raflnière.

Le baron de Saint-Sauveur obtint des lettres-patentes de sa Majesté qui confirment le décret de l'évêque de Bayeux donné à Versailles au mois de juin 1780, signé Louis, par le roi ; un sceau de cire verte attaché avec deux cordonnets de soie, l'un rouge et l'autre vert. Le baron de Saint-Sauveur présente une requête à la cour du parlement de Rouen pour que les lettres-patentes du roi soient enregistrées ; elle refuse et rend un arrêt le 29 février 1781 qui ordonne avant que de faire droit qu'une information sera faite sur les lieux par Jean-Louis Hecamps de Coltot, conseiller du roi en la cour du parlement de Normandie, assisté de Maître Julien Fremin, écuyer, conseiller, notaire, secrétaire du roi au parlement, que les lettres-patentes et décret de l'évêque seront publiés et affichés, tant qu'à l'issue de la messe de Sainte-Honorine pendant trois dimanches consécutifs, qu'aux plus proches marchés, pendant trois jours. Pour s'informer de la commodité ou incommodité de l'union que peut apporter au roi et au public les publications et affiches faites, à Sainte-Honorine, au marché de la Carneille et de Condé, par le sieur Cailly, à paraître le 24 avril, en la maison du sieur Lenormand, négociant à Saint-Martin-de-Condé, la liste des témoins fournie par maitre de la Brenaise, substitut du procureur général du roi, les citations faites par maitre Tidevert, un des huissiers de la cour du roi ; personne ne s'opposa, et procès-verbal rendu. Sur ces informations, la cour ordonna le 11 mai 1781, que les lettres-patentes du roi seront enregistrées, exécutées selon leur forme, elles le furent le même jour (Archives du château de Saint-Sauveur).

Cette commune était autrefois séparée en deux fiefs nobles, relevant de la châtellenie de Condé-sur-Noireau, suivant l'aveu de la reine Blanche : les seigneurs de cette commune remontent à une haute antiquité. Je vois un Godard des Vallées figurer parmi les hommes illustres qui vécurent à l'époque de nos ducs de Normandie, roi d'Angleterre (Voir Du Moulin). Un Gervais des Vallées donne, en 1221, aux chanoines réguliers du Plessis, diverses pièces de terre que Robert des Vallées tenait de lui à Sainte-Honorine, ainsi que d'autres redevances dans la paroisse de Méray (Voir le cartulaire).

Je lis dans le même cartulaire un acte passé en la vicomté de Mortain, l'an 1299, par lequel Renouf de Berjou vend au prieuré du Plessis tout ce qu'il possédait dans cette commune. Acte passé es plaids de Condé, en 1325, par lequel Robert des Bouillons garantit au prieuré du Plessis diverses redevances qui lui étaient dues à Sainte-Honorine. Acte passé en la vicomté de Mortain, en 1341, par lequel Jeanne, veuve de Raoul des Iles, ainsi que Michel et Guillaume, ses fils, de Condé, donnent au prieuré du Plessis une pièce de terre à Sainte-Honorine.

Thomas Lecomte, prêtre, curé de Sainte-Honorine, et docteur en médecine à Caen, donne à l'abbaye du Val une rente de 8 sols tournois à prendre dans la paroisse de Bonnœil, qu'il avait achetée en 1461. Cette seigneurie était possédée à l'époque de la recherche de Monfaut, en 1463, par un Guillaume des Trésars. Ses ancêtres étaient d'origine anglaise. On compte parmi les bienfaiteurs du prieuré de Saint-Vigor, dès l'an 1140, un Robert Trésars. Cette propriété passa par héritage à la famille de Grésille. D'après les archives du château de Saint-Sauveur, leur filiation remonte sans interruption jusqu'à Nicolas de Grésille, écuyer, seigneur de Moulineaux ; il était vicomte de Rouen, il épousa le

Contraste insuffisant

NF Z 43-120-14

15 avril 1250 Marie du Châtellier, qui lui donna pour dot les seigneuries des Aubreaux et de Saint-Jean de Familly. La reine Blanche, mère du roi Saint-Louis, pendant sa régence, donna au dit Nicolas le gouvernement de Condé, auquel il fut confirmé par le roi. Sa Majesté lui donna, en 1263, pour récompense des services qu'il lui avait rendus pendant qu'il était en prison dans la Terre-Sainte, un fief dans la forêt de Moulineaux, lequel il nomma de son nom.

Ravend de Grésille, son fils, écuyer, seigneur de Moulineaux, de Saint-Jean de Familly, des Aubreaux et du Chatellier, épousa Guillemette Senot, fille du seigneur de Saint-Germain-du-Crioult, suivant le traité de mariage passé devant les tabellions de Vassy, le 20 mai 1290. Il eut entre autres enfants Guillaume de Grésille, seigneur de Saint-Jean-de-Familly et du Chatellier, qui épousa Jeanne de Sainte-Croix. Le contrat passé devant les tabellions d'Argentan, pour le siège de Putanges, le 23 mai 1340. Il eut pour fils Raoul de Grésille, écuyer, seigneur de Grésille ; il épousa Cécile de Vassy. Le contrat de mariage passé devant les tabellions de Vassy, le 15 juillet 1370. Il eut plusieurs enfants, entre autres Jean de Grésille, écuyer, seigneur de Familly et du Chatellier, capitaine d'une compagnie de gens de pied, qui épousa Anne de Châteaubrilland. Le contrat de mariage passé devant les notaires de Châteaubrilland, le 20 mai 1402. Le même Jean de Grésille reçut une commission du roi Charles VII, le 15 avril 1448, pour lever un régiment de gens de pied. Le roi était alors à Bourges, il acquit la terre d'Ouilly le 4 avril 1448. Son frère fut tué à la bataille de Verneuil, en 1423 ; il commandait une compagnie de chevaux-légers contre les Anglais. Il n'a pas laissé d'enfants. Du mariage de Jean et d'Anne de Châteaubriand sont issus Nicolas de Grésille, écuyer, seigneur d'Ouilly-le-Basset, qui épousa Marguerite du Chesney, le 26 de juin 1476. Il fit bâtir le Colombier, l'église et le parc d'Ouilly ; il hérita de la seigneurie de Sainte-Honorine, en 1503. Il eut pour fils Marguerin de Grésille, écuyer, seigneur d'Ouilly et de Sainte-Honorine et du Rocher, qui épousa Jeanne des Buats le 10 janvier 1500. Marguerin fut nommé aux assises de Falaise pour se trouver à la montre des nobles du bailliage de Caen, le 24 mars 1511. Issu Nicolas de Grésille, écuyer, seigneur de Saint-Sauveur, de Sainte-Honorine, d'Épinouse et de Berville, il épousa

Catherine Borel, de Boutemont, le 8 mars 1537. Il fut prévôt général de Normandie, et eut pour fils Louis de Grésille, écuyer, seigneur de Saint-Sauveur, de Barville et du Rocher d'Epinouse ; il épousa Madeleine Mesnage, le 1er juin 1584.

Issu Jacob de Grésille de Saint-Sauveur, écuyer, seigneur de Sainte-Honorine, du Rocher d'Epinouse et de Coisel, il épousa Suzanne de Cousin, le 1er février 1595. Il reçut du roi une attestation de services qu'il lui rendit en qualité de 1er gendarme de la compagnie du maréchal de Fervaques, en date du 1er août 1597. Il obtint de Sa Majesté des lettres pour changer le nom de Grisette en celui de Saint-Sauveur, en 1644. Vérifiés au parlement le dernier jour d'août 1645, le roi érigea en sa faveur les fiefs de Saint-Sauveur, de Sainte-Honorine, du Coisel, du Rocher d'Epinouse en baronnie, sous le titre de Saint-Sauveur, le 20 août 1644. Ils furent vérifiés au parlement de Normandie et à la chambre des comptes les 5 et 25 des années 1645 et 1647 (archives de Saint-Sauveur).

Issu Nicolas de Saint-Sauveur, écuyer, baron de Saint-Sauveur, gentilhomme ordinaire de la chambre du roi, il épousa Catherine de Fresnel, le 26 janvier 1636 ; il fit preuve de noblesse dans la recherche de 1666, faite par Chamillard.

Il eut plusieurs enfants, entre autres Guillaume, baron de Saint-Sauveur, écuyer, qui épousa Suzanne d'Arnois, en 1662. Antoine, son frère, était chevalier de Malte.

Issu Nicolas, baron de Saint Sauveur, épousa le 24 septembre 1695 Marguerite de Cantal. Issu Claude Nicolas, baron de Saint Sauveur, il épousa le 20 janvier 1573 Marie-Anne-Elisabeth de Varin. Il était lieutenant dans le régiment d'Harcourt ; il assista aux guerres de Bohême, etc.

Claude-Michel-Nicolas, baron de Saint-Sauveur, chevalier, seigneur et patron de Sainte-Honorine, lieutenant de cavalerie au régiment de Bourbon, épousa Aglaée-Antoinette de Morell d'Aubigny. Ce M. de Saint Sauveur, saccagé par la tourmente révolutionnaire, fut forcé d'émigrer en 1791. Prit du service pour les princes de la maison de Bourbon, il était aide-major d'une compagnie noble d'ordonnance ; il est mort à Verviez, pays de Liège, le 17 novembre 1793. Pendant son absence, ses biens ont été séquestrés, et tous ses meubles vendus. Sa femme racheta du gouvernement les débris de la terre de Saint-Sauveur ; elle a beaucoup souffert de peines et d'afflictions.

Issu Félix, chevalier de Saint-Louis et de la légion d'honneur, capitaine de hussards sous l'empire et sous la restauration, capitaine dans le 2ᵉ régiment de lanciers de la garde royale. Henri, baron de Saint-Sauveur, son frère, a épousé le 19 mai 1799 Henriette de Guerpel. Il était capitaine d'infanterie sous l'empire, il est mort à 34 ans, victime de sa bravoure et de son zèle pour la cause de Louis XVIII. Ayant pris du service à l'armée royale de la Vendée, il a été tué à la prise de Cossé-le-Vivien, le 28 mai 1815. Sa perte a mis le comble aux malheurs de son infortunée mère, qui l'a pleuré jusque dans son dernier soupir. Il eut pour fils un Henri-Sosthène, baron de Saint-Sauveur, qui était garde du corps sous Louis XVIII. Il existe encore, et habite le château de Saint-Sauveur. Leurs armoiries sont : d'argent à deux étoiles et une rose de gueules et un chevron d'azur.

La chapelle de Saint-Sauveur avait été dotée et fondée par Nicolas de Saint-Sauveur, en 1556. Le chapelain jouissait du revenu de la chapelle. Les seigneurs n'étaient autorisés qu'à faire célébrer la messe tous les dimanches, excepté aux fêtes principales de l'année, ainsi qu'à la fête du patron et de la paroisse, mais à une autre heure que celle de l'office de la paroisse. Aucun étranger ni paroissien ne pouvait assister à la messe, sinon en cas d'infirmité ; aucun sacrement dans la chapelle n'était donné, sinon en cas de nécessité et avec la permission du curé de la paroisse.

François-Armand de Lorraine, évêque de Bayeux, confirma la fondation de la chapelle le 12 août 1720, en faveur de Nicolas de Saint-Sauveur. Paul d'Allers de Luynes, évêque de Bayeux, donna la permission le 14 juillet 1735, à Nicolas-René-Jonchain de Saint-Sauveur, de dire la messe dans la chapelle de son château. Le même baron de Saint-Sauveur obtint de nouveau une autorisation, le 19 juillet 1758, de Rochechouard, évêque de Bayeux, de faire célébrer la messe à toutes les grandes fêtes de l'année, à la chapelle de Saint-Sauveur. Elle a été érigée en oratoire le 23 juillet 1803 par le gouvernement. En 1825, Madame de Morell, veuve de M. de Saint-Sauveur, est autorisée par Hilarion-François Chevignet de Boischollet, évêque de Séez, de célébrer la messe dans la chapelle de Saint-Sauveur, excepté qu'on n'y officiera pas les jours de Noël, de Pâques, de la Pentecôte, de la Fête-Dieu, de l'Assomption, de la Toussaint et le jour de la fête du patron de la paroisse, et que l'on n'y administrera aucun sacrement ni aucune fonction curiale.

Judith le Royer, veuve du seigneur de Méré, épousa en secondes noces Jacob de Grésille, de Saint-Sauveur, qui était veuf alors de Suzanne de Cousin. Elle n'eut point d'enfants. Le 8 novembre 1638, la dite Judith le Royer, du consentement de son fils unique François-Radulph, écuyer, conseiller du roi, lieutenant criminel à Vire, seigneur et patron de Méré donne à aumône sur la dote qu'elle avait apportée en mariage au sieur de Saint-Sauveur, aux églises de Sainte-Honorine, de Méré et de Berjou, la somme de six cents livres, une fois payée, pour être employée en rente sur le revenu, en être pris dix livres pour être données aux trésoriers et marguilliers de l'église de Sainte-Honorine pour être employées en fourniment, pour faire la charité du pain bénit de Pâques annuellement, douze livres pour l'entretien d'une messe basse annuellement ; toutes les semaines du jour de son trépassé. quatre prières et quatre *libera* que les curés seront tenus de faire le premier jour Pâques, de la Pentecôte, de la Toussaint, et de Noël. Elle déclare expressément que c'est pour le repos de son âme et de ses amis.

Le reste du revenu sera séparé : dix livres à l'église de Sainte-Honorine, cinq livres dix sols à Méré, et cinq livres dix sols à Berjou ; ils seront mis entre les mains des curés pour être distribués aux pauvres des dites paroisses le jour du vendredi saint. Jean de Grésille, pour accomplir la volonté et participer au mérite de son épouse, accorde deux cents livres ; la maison de Saint-Sauveur est chargée de faire les rentes. La présente charte est signée François-Radulph, seigneur et patron de Méré, Fleury, curé de Berjou, noble Jacques Lefebvre, sieur du Radier, seigneur de la Pouplière, Jacques Poret, écuyer de Berjou, Emon et Robert, écuyer, seigneur de Platy et de Eslon, Julien le Marchand et Régner Lefebvre, curé de Sainte-Honorine.

Messire Nicolas de Saint-Sauveur, chevalier. baron du lieu, ratifie devant maître Michel-Claude Hébert, tabellion à Condé-sur-Noireau. le 24 décembre 1658, la donation faite par Jacob de Saint-Sauveur, son père, et sa belle-mère Judith le Royer, à l'église de Sainte-

Honorine, et d'accord avec Louis le Marchand et Louis de Montbray, curé du lieu. se décharge de la rente, et donne pour échange à l'église vingt livres de rente à prendre : sur le sieur Jacques Soubien trois livres huit sols quatre deniers, sur Suzanne Châtellier. veuve de Jacques Corbé, une livre deux sols neuf deniers, sur Madelaine le Bailly, veuve de Léonzard Aubrais, une livre deux sols six deniers, sur Isaac Foucher deux livres un sol quatre deniers, sur Pierre Foucher 55 sols, sur Jacques Soubien trois livres dix sols, sur Pierre le Laudouer 6 livres, payable le 22 d'août. Les titres de fondation sont remis aux mains de respectables et discrètes personnes, maitre Mathieu de la Boderie. prêtre. écuyer. sieur du lieu. et Maître le Marchand. prêtre, curé de la première portion de Sainte-Honorine (Archives de Saint-Sauveur).

En 1660, Jacob de Saint-Sauveur donne 280 livres produisant un revenu de 20 livres une maison pour une religieuse institutrice ; il se réserva le droit, à lui et à ses descendants. de nommer à sa volonté douze enfants pour être instruits gratuitement. A la révolution de 1789, la religieuse possédait 150 livres qui avaient été donnés par la famille de Saint-Sauveur, et dont s'est emparé le gouvernement.

La famille Saint-Sauveur est propriétaire d'une chapelle dans l'église de cette paroisse, à gauche de l'autel ; les lois révolutionnaires ont voulu la dépouiller. Les habitants l'ont toujours respectée ; cette chapelle avait été fondée par les seigneurs de Saint-Sauveur qui l'avaient dotée de 12 livres de rente pour dire des messes à la famille dans la dite chapelle. Elle a été rendue à Madame de Saint-Sauveur le 1er octobre 1825, à la charge de faire toutes les réparations extérieures et intérieures qui seront nécessaires de faire. et aussi d'entretenir les décorations d'une manière décente. Madame de Saint-Sauveur. voulant contribuer au bien de la fabrique, s'engage à lui payer annuellement une somme de 20 francs (archives de Saint-Sauveur).

C'est dans cette paroisse que se trouve la terre de la Boderie ; elle était un fief roturier. relevant du marquisat de Ségrie. appartenant dès le XIIIe siècle au sieur Lefebvre, d'une famille noble et ancienne, et féconde en hommes de mérite. Un Jacques Lefebvre était bienfaiteur des cordeliers de Falaise ; en 1327 il donna à ces religieux un manoir et hébergement jouxtant les murs de la ville, sur lequel les **religieux de Saint-Etienne de Caen**, fondés par le duc **Guillaume**, ayant prétendu 25 sols de rente, comme faisant partie du manoir de ce duc ; il y eut transaction devant tabellions, en 1813 (voir Langevin).

Un Thomas Lefebvre de la Boderie, sieur du Grand-Hamel, lieutenant à la table et amirauté de France à Rouen, auteur de l'*Histoire des traités de longs cours* (voir le traité de la noblesse). Gui Lefebvre, né à la Boderie, en 1541, et Nicolas, son frère, se sont tellement distingués par leur profonde érudition, qu'il n'y a aucun littérateur qui n'ait entendu parler de leurs incomparables écrits pour confirmer le parti catholique dans la foi. Ce fut dans ce dessein que, pour rendre invariable le canon et l'interprétation de l'écriture sainte contre les interprétations des protestants, ils donnèrent tous leurs soins à la fameuse traduction et édition polyglotte d'Anvers, à la sollicitation de Pie IV, qui convoqua pour ce travail tous ceux qu'il connaissait de plus savants docteurs dans toute la chrétienté.

Charles IX, qui avait pour précepteur Guy de la Boderie, ainsi que tous les autres enfants de France, voulut bien l'accorder au pape et l'envoyer à Anvers avec tous les autres docteurs de la chrétienté pour la perfection d'un ouvrage si utile et si nécessaire. Le roi lui permit aussi de mener avec lui son frère Nicolas, à cause de ses talents merveilleux.

Ce fut l'an 1562 que ces deux grands hommes partirent de Paris pour se rendre à Anvers où ils étaient attendus avec impatience. Leur arrivée causa une joie incroyable aux autres docteurs. Ils répondirent, de leur part, parfaitement bien aux grandes espérances que l'on avait conçues de leur profonde érudition. On peut dire avec vérité que ces deux grandes lumières furent deux des principaux auteurs de la bible, qui parut six ans après, en neuf langues. Les docteurs de Sorbonne, assemblés, déclarèrent formellement que ces deux frères en sont les auteurs. Cet ouvrage éclipsa les interprétations de Calvin.

Ceux qui désireront avoir la liste du grand nombre d'ouvrages que Guy Lefebvre et ses frères ont composés et donnés au public, pourront avoir le premier volume du sieur Lacroix du Maine, qui en parle si exactement qu'on n'y peut rien ajouter, ou l'histoire de Masseville.

Le pape, reconnaissant tous les services qu'il avait rendus à la religion et à l'état, par ses doctes écrits et ses sages conseils, voulut le revêtir de la pourpre et lui donner le chapeau de cardinal; mais on ne put rien gagner sur son esprit, qui n'avait pas moins d'humilité chrétienne que de lumière et de reconnaissance. Il refusa généralement tout ce que le monde lui offrit de plus glorieux, et passa le reste de ses jours dans sa terre de la Boderie, où il mourut l'an 1598, beaucoup plus grand d'avoir eu l'honneur d'être précepteur de trois rois de France : François II, Charles IX et Henri III.

Nicolas Lefebvre de la Boderie, de retour d'Anvers, se donna tout entier à l'étude et à la composition de divers ouvrages, et n'en interrompit le cours que pour obéir aux ordres de Henri III, qui l'envoya avec le maréchal de Bellegarde conduire l'armée de France en Italie.

Les services qu'il rendit dans ce voyage furent récompensés selon ses mérites. Le roi lui donna de grands biens, et la reine Catherine de Médicis voulut elle-même le marier à la fille de son premier maître d'hôtel, M. de Passard-Gaucourt, issu d'une des plus nobles, des plus illustres et des plus anciennes familles de Picardie.

Pierre Lefebvre de la Boderie, frère des précédents, se signala à la bataille de Lepante, où il se trouva avec le duc du Maine et le marquis de Beuvron, sous le commandement de don Juan d'Autriche, général de l'armée chrétienne, qui remporta une pleine victoire sur les ennemis du nom chrétien.

Au retour de cette glorieuse expédition, il fut commandé par le général Matignon, le 26 mai 1574, pour donner l'attaque au comte de Montgommery, et à Colombières, qui lui empêchaient le passage du Vey de Cotentin. Il choisit les plus habiles nageurs qu'il put trouver, et se mettant à leur tête, il passa le Vey l'épée entre les dents et l'arquebuse à la main. Les ennemis, étonnés de son intrépidité, se retirèrent dans la ville de Saint-Lô où ils furent continent investis et assiégés par l'armée du roi.

Le siège fut fort meurtrier, mais en vint à l'assaut. Le commandement de la principale attaque fut donné à MM. Lefebvre de la Boderie et de Sassy, qui furent tous deux tués sur la brèche, en faisant si bien leur devoir. Les corps des deux vaillants furent portés en triomphe à Falaise ; toute l'armée assista à leurs funérailles. Ils furent inhumés sous l'orgue de l'église de la Trinité, avec tous les honneurs de la guerre, et l'on inscrivit sur leurs tombeaux des épitaphes en diverses langues. Mais vers 1760, lorsqu'on répara l'église, les tombeaux disparurent.

Philippe Lefebvre, sieur de la Boderie, frère des trois précédents, après avoir fait longtemps la guerre à la tête d'un escadron de cavalerie qu'il commandait fut fait lieutenant du comte de Brissac, au gouvernement de Falaise, qui fut assiégée deux fois pendant qu'il fut gouverneur. La première fois, il en fit lever le siège, moyennant le secours d'une cohorte de paysans. nommés les Gauthiers ; mais la seconde, la place fut emportée d'assaut, le jour de la fête des rois de l'année 1590. Brissac ne suivit point les conseils de La Boderie ; il l'envoya au siège de Pont-Audemer où il mourut entre les bras de M. de Choisy, son plus proche parent.

Messire Lefebvre Antoine, sieur de la Boderie, frère des quatre précédents, excellent négociateur, né à Falaise l'an 1555, fut ambassadeur de Henri III, roi de France, auprès du pape ; puis, le roi étant mort, il devint ambassadeur du pape Sixte-Quint près Henri IV : et par des raisons plausibles et des conférences fondées sur l'usage universel de l'église, il contribua beaucoup à le faire rentrer dans la religion et les rites de ses ancêtres, et de suite traita avec le comte de Brissac, gouverneur de Paris, afin qu'il lui rendît la capitale de son royaume ; tout fut octroyé l'an 1594. M. Lefebvre de la Boderie fut un des auteurs du Catholicon, pièce remplie de saillies contre la ligue et qui contribua beaucoup au rétablissement du royaume.

En 1597 il fut envoyé ambassadeur à Bruxelles, près l'archiduc, et s'acquitta de sa mission avec grandeur d'âme et dignité. Pendant sa conférence, qui fut longue, ennuyé de n'être pas invité à se mettre à son aise, il se couvrit, pour faire sentir à l'archiduc qu'un ambassadeur français n'est pas esclave de l'insolence d'un prince étranger, ce qui plut beaucoup au bon Henri le Grand. Il remit dans les bonnes grâces du roi, et fit entrer à son service plusieurs braves capitaines français qui, séduits par les faux discours et les artifices des ligueurs, s'étaient retirés en Flandre pour servir les Espagnols.

Après son retour de Flandre, qui fut l'an 1604, Sa Majesté l'envoya vers le duc de Savoie, et deux ans après, il fut envoyé ambassadeur en Angleterre, où il s'acquit tellement la confiance de cette cour, que Sa Majesté britannique, le roi Jacques Ier, suivit exactement ses conseils pour la pacification de ses états, lui fit, lors de son départ, présent d'un riche bassin de vermeil doré, enrichi de pierres précieuses, avec ces mots : Jacques, roi de la Grande-Bretagne, à Antoine de la Boderie, non comme son ambassadeur, mais son particulier ami. Le prince de Galles lui fit aussi présent d'un diamant et d'une bague d'un très grand prix. Portez, lui dit il, cet anneau, pour l'amour de moi, et qu'il vous soit une marque éternelle de l'estime et de l'affection que j'ai pour votre mérite et pour votre personne.

Les milords et autres seigneurs d'Angleterre lui donnèrent cent cinquante hacquenées des plus belles du royaume. A son arrivée en France, il en fit présent aux princes et aux grands de la cour, et ne s'en réserva qu'une seule que Henri IV lui demanda. Il n'est pas juste, lui dit ce grand prince, que je sois le seul de vos amis qui n'ait point de part à vos libéralités.

Quelque temps après, comme il retournait à Londres, en qualité d'ambassadeur extraordinaire, le roi fut assassiné par le détestable Ravaillac, le 14 mai 1610. Le roi d'Angleterre fut extrêmement touché de ce parricide, mais encore plus M. de la Boderie, qui perdit un si bon maître.

M. de la Boderie mourut en 1615, à l'âge de 60 ans. On a de lui un traité de la noblesse, traduit en italien. On a publié, en 1749, ses lettres et ses négociations, en 5 volumes in-12.

Du mariage de Nicolas de la Boderie avec Mlle de Passard-Gaucourt, deux fils et trois filles en sont issus. Nicolas, aîné de tous, après avoir été élevé dans les cours de France, d'Angleterre, de Venise et de Rome, vint à Falaise, en 1622, se faire capucin, sous le nom de frère Michel. Avant d'entrer au noviciat, il fit son testament devant les tabellions de Falaise, vers le 22 janvier 1622, dont un des articles portait qu'il donnait 3,000 livres aux capucins de Falaise, pour bâtisses, dont ils avaient besoin. Son exécuteur testamentaire fut M. de Longpré, père spirituel des dits capucins.

Son beau-frère, le sieur de la Becquerie, se fit aussi capucin à Vire, après avoir obtenu le consentement de dame Anne Lefebvre de la Boderie, son épouse, qui se fit religieuse de l'abbaye de Villers-Canivet. Cette abbaye fut fondée en 1127 par Néel Roger de Montbray, seigneur riche et puissant, fils de Néel d'Aubigny (voir le Neustria pia).

Mathieu de la Boderie, après avoir fait ses études à Vire, à Caen et à Paris, prit enfin le parti des armes, et vit le fameux siège de la Rochelle et la prise de Pinerol. Un autre Mathieu Lefebvre de la Boderie ou peut-être le même, qui se trouve dans les archives du château de Saint-Sauveur, épousa le 22 décembre 1633 Marguerite de Grésille de Saint-Sauveur. Il était colonel d'un régiment de cavalerie en Allemagne, et ambassadeur près le Landgrave de Hesse et autres provinces d'Allemagne. Après la mort de son épouse il s'est fait prêtre en 1653 et est mort le 26 juin 1659. Il est inhumé à la Lande Saint-Siméon.

Nicolas Lefebvre, sieur de la Boderie, fils de Jacques, obtint des lettres-patentes du roi le 15 août 1594, et sentence du lieutenant général du bailli de Caen sur scellé, le 3 février 1595, pareillement faite tant de leur ancienne noblesse que perte de leurs titres, papiers dans le château de Falaise, lors de la prise de ce lieu par l'immortel et bon Henri IV (voir le nobiliaire de Turgot). Le même Nicolas est conservé noble dans la recherche faite par Roissy en 1559. Le dernier de ces gentils-hommes que je vois cité dans nos annales était Pierre-Antoine-Victor de la Boderie, natif de Cléry ; il était attaché au second escadron, compagnie de Villers, de la cavalerie. Il est décédé le 25 septembre 1795 à l'hospice de l'armée du prince de Condé, à l'âge de cinquante ans. Il est enterré dans le cimetière de Stauffen, ville du Brisgau, où était établi le dit hospice. Il était fils de Nicolas-Antoine de la Boderie, écuyer, sieur du Poncé, et de noble dame Marie-Anne de la Bigne. Ce dernier était fils d'Antoine de la Boderie et de noble dame Louise-Aimée de Cordecy. Ce dernier était parti de la Boderie de Sainte-Honorine ; il alla habiter la terre de sa femme, commune de Cléry, laquelle porte encore son nom (voir les registres de la mairie de Cléry). Leurs armoiries sont, suivant les archives de Saint-Sauveur, de sable à trois croissants et un chevron d'argent.

L'autre fief noble était sous le nom de la Pouplière. Le plus ancien propriétaire que j'aie pu me procurer, était Guillaume Payen, gouverneur de Vire en 1560. Sa fille porta cette terre par mariage au sieur Lefebvre du

Radier, issu Jacques Lefebvre, écuyer, sieur du Radier et de la Pouplière. Cette seigneurie passa dans la famille Auvray. Une demoiselle Auvray porta cette terre par mariage à M. Legonideo, vers 1760. Issu M. Legonideo, chevalier de Saint-Louis, député sous la restauration, il existe encore, et n'a pour enfant qu'un fils qui habite avec lui le château de la Pouplière (1).

La majeure partie des habitants de la commune de Sainte-Honorine était jadis protestante. Voici comment cette religion s'introduisit d'abord dans le canton d'Athis. Berthelot, ministre protestant, fut le premier qui y vint prêcher sa doctrine en 1559. Les premiers qui embrassèrent le calvinisme furent Guillaume Payen, gouverneur de Vire, seigneur de la Pouplière, et Suzanne Payen, sa sœur. Ce ministre fut protégé alors par ce seigneur qui le reçut chez lui, à son manoir de la Pouplière. Il fit tant par ses prédications politiques et occultes, qu'en peu de temps la majorité des habitants de ce canton devint protestante, ainsi que les seigneurs de Rouvrou, de Saint-Denis, et le gentilhomme de la Poterie, tous seigneurs de ce canton ; ces seigneurs firent rendre alors leurs vassaux. Voilà pourquoi nous voyons encore aujourd'hui tant de protestants à Sainte-Honorine et dans les communes adjacentes. Les protestants se rassemblaient d'abord pour leur prêche dans plusieurs endroits, au bourg de Berjou, au village des Cours, au manoir seigneurial de la Pouplière, à la Ménardière, à la Quentinière, à la Vallée, où ils bâtirent un temple en 1559, et enfin à la Gonterie, commune d'Athis. Ce ministre se maria à la veuve de M. la Remagerie ; il n'eut point d'enfants. Il demeura longtemps dans la chambre de David Ozout, qui est encore existante, et est située sur l'étang de Sainte-Honorine.

Au commencement de l'année 1562, les ministres protestants continuèrent en toute liberté leurs prêches, et se saisirent de beaucoup d'églises. Alors une grande partie des fidèles abandonna les actes et les cérémonies du culte catholique. Le gouvernement, ne pouvant plus arrêter les progrès de la religion protestante par des condamnations individuelles, eut recours aux armes. Il envoya des armées dans les provinces et agit avec une

---

(1). Ce château fut vendu 210,000 francs à M. Vélay, gendre de M. Hardy Lafosse, ancien maire d'Athis, et conseiller général de l'Orne en juin 1868.

rigueur extrême. Les protestants usèrent de représailles et se portèrent à des extrémités incroyables. La guerre se déclara, non une guerre civile, mais une guerre de religion. Les protestants du canton d'Athis et des environs se rangèrent sous les bannières de Guillaume de la Pouplière. Sous lui commandaient le barons de Rouvrou, de la Forêt-de-Vassy, et les seigneurs de Saint-Germain, de Saint-Denis. La même année 1562, les curés de Sainte-Honorine, qui étaient alors François Hàlay et Jean Pigeon, furent obligés d'abandonner leur paroisse à cause des persécutions des protestants qui se disposaient à les massacrer s'ils avaient pu se saisir de leurs personnes. Une partie de la dime appartenant aux curés et l'autre partie à l'abbaye du Plessis-Grimoult, ne furent point recueillies, de sorte qu'il n'y eut point de dime cette année-là au mois d'octobre suivant. Guillaume le Marchand, procureur de cette abbaye, et les deux curés, se joignirent ensemble et agirent contre les dits paroissiens par exploit et les firent citer à Condé-sur-Noireau pour leur payer la dime. Les paroissiens comparurent et, pour éviter aux frais, s'accommodèrent et apprécièrent chaque gerbe de blé, tant froments, seigles, orges, qu'avoines, à 12 deniers la gerbe. On fit un rôle où chacun paya volontairement à sa conscience ce qu'il déclara en avoir emporté de gerbes. Berthelot mourut vers 1572, et fut inhumé dans la chapelle du manoir de la Pouplière. Cet enterrement fut cause que la chapelle fut interdite pendant 60 ans, sans qu'on n'y ait dit la messe. Après la mort de Guillaume Payen, cette seigneurie passa à son petit-fils, messire Jacques Lefebvre, écuyer, sieur du Radier, qui eut recours à Monseigneur Jacques d'Angesne, évêque de Bayeux, pour rebénir la chapelle de la Pouplière. Ni le comte ni le curé d'Athis ne fut chargé de cette administration, qui eut lieu en 1638. Berthelot eut pour successeur Morin, seigneur de Launay ; il avait été curé de Vaudes, proche Saint-Vaux-Juvigny, en Artois. Le troisième ministre fut Jean le Marchand, natif d'Athis. Ces deux derniers ont été enterrés à la Gonterie ; ils étaient méchants, tracassiers et invectifs dans leurs discours. Jacques Gillard leur succéda ; il était natif du Dauphiné et se retira en Hollande après la révocation de l'édit de Nantes.

J'ai recueilli ces renseignements dans différents manuscrits sur le canton. Le temple des protestants de cette commune fut démoli en 1679. Il était situé à la Vallée. La révocation de l'édit de Nantes eut lieu le 22 octobre 1685 (1). Alors ils furent obligés de faire leurs assemblées dans des granges et dans des pressoirs, et la mort frappait un protestant surpris dans une assemblée de religion ; ils n'avaient point de ministres, ils en choisissaient un des plus distingués d'entre eux jusqu'en 1726. C'est dans cette année que M. de Lépine vint desservir les églises réformées du Bocage. Ils commencèrent en 1775 à faire leur assemblée de jour Pendant cet intervalle, on enlevait les enfants des protestants à tout âge, et même on les arrachait du sein de leur mère pour les mettre dans des couvents et les faire élever dans la religion romaine. On prit sur le revenu des protestants le montant des pensions qu'on les força de payer (voir l'abbé de la Rue).

Le sieur Houvet, curé d'Athis, était le seul dans le diocèse de Bayeux qui faisait ses enlèvements en 1571. Les protestants de cette paroisse jetèrent les fondements d'un temple à la Rivière en 1780. Voici le nom des ministres protestants qui ont succédé à M. de Lépine : Dufy Gentrane de la Sagne, Bellanger, Decours, Gourjon, Cadoret, qui a été le premier pensionné par l'état après le couronnement de l'empereur qui salaria tous les cultes sans une distinction : Bétrine, Laval, Frossard, en 1840, Condé se sépara d'Athis : M. Soylé fut nommé pasteur d'Athis, auquel a succédé un Taillefer.

Le maire de Sainte Honorine est M. Delangle, marchand corroyeur ; le curé est M. Lepont. La population est de 1518 habitants. Cette commune possède deux moulins : le moulin de Sainte-Honorine, alimenté par le ruisseau de Courteille, et le moulin neuf alimenté par la source d'Epinouse.

---

(1). Après cette révocation, les protestants qui restèrent en France furent exposés à d'affreuses tortures. On les brûlait et on les massacrait. Honte et infamie éternelles aux auteurs de pareils crimes ! Ma famille en a été victime.

APPENDICE

COPIE DE L'AVEU DE LA REINE BLANCHE RENDUE AU ROI, SON FILS, LE 1ᵉʳ MAI 1388, DE LA TERRE ET HAUTE-JUSTICE DE CONDÉ-SUR-NOIREAU ET DE CELLES QUI EN RELÈVENT.

—

Nous, Blanche, par la grâce de Dieu, reine de France, confessons et avouons tenir au roy notre très-cher et très-aymé fils. en la vraye objection et obéissance, notre ville et châtellenie de Condé-sur-Noireau, avec toutes les dépendances et appartenances quelconques là comme elles s'estendent, tant en la dite ville et paroisse de Condé, comme ès autres villes et paroisse cy-après nommées, en tant comme en chacun des dites paroisses en a ou doit avoir ou partout ailleurs où ladite châtellenie s'estend, peut ou doit s'estendre, laquelle ville et châtellenie de Condé avec ses appartenances et dépendances fut anciennement de la comté de Mortain, et la tenons comme nostre héritage, par manière de partage de père et de mère à nous baillée, tant illecque comme ailleurs par le roy de Navarre nostre frère, qui pour lors vivoit, lequel nous a baillé à tenir avec toute haute, basse, et moyenne justice, partout, là où ladite châtellenie, terre et seigneurie dudit lieu de Condé, avec ses appartenances et dépendances s'estend tant en ladite ville et paroisse de Condé, Saint-Pierre-du-Regard, Athis, Brée, Sainte-Honorine-la-Chardonne. Berjou, Cherey, Proucy, Le Destroit, Cahaignes, Annay, Balleroy, Banquie. Lardes, Croisilles, Lespins, les Moutiers, comme partout ailleurs. qui s'estendait à Barbery, à Cuilly, Commincourt, St-Eaux, Bonneville, Bonnes, illecques en ycelles partyes en tant comme il en appartient à ladite châtellenie avec ses appartenances et dépendances, comme dit est, et avons illecques bailly et vicomté, sergent, l'explet de l'ospée, tabellions et autres officiers selon la coutume du pays en l'obeyssance du roy nostre dit fils. à nous baillé par nostre dit frère à la tenir ainsy comme il a tenoit au temps qu'il la tenoit, en laquelle ville et châtellenie de Condé, foires, marchés, prévosté, coutumes qui se lèvent et queillent tant ès ville et châtellenie dudit Condé. comme ailleurs en plusieurs villes, ponts, passages d'il ecques prochains et adjacents, dont il y a partie sur les terres du roy notre dit fils ; c'est à savoir le pont Escoullant, le pont de sain -Laurent, des Oriniers, le pont de Bucholles, le pont de Marsengère, l'Epine de Cantel, le pont des Ylles, le pont de Celligny. le pont de Vauvart, les Planches de Veurcaul, le pont de Montilly, le pont de Sensy, le travers de Montsecré, l'issue de la foire saint-Lucas de Tinchebray d'Entrement, et sont les dépendances de la justice de Condé. Illecques avons plusieurs droitures, dignités, franchises, libertés, patronages, dons et présentations d'églises, de bénéfices à cure et sans cure, et autres en autels de religion, comme autrement en plusieurs manières, dont il nous semble qu'il n'est pas nécessaire de faire plus expresse en ce présent bail, et sy avons en ladite châtellenie et dépendances d'ycelles rentes, revenus, bois forests, garennes, estangs, viviers, rivières, autres droits, héritages et possessions quelconques, hommages, fiefs et arrière-fiefs, fouages, tiers et dangers de bois, gardes, toute justice et seigneurie haute, moyenne et basse et tout autres choses appartenant audit chastel, ville et châtellenie, selon le bail par nous sur ce fait, et de nous tenus à cause de notre dite châtellenie, terre et seigneurie de Condé, tant en fiefs qu'arrié re-fiefs et membres de fiefs dont cy-après est fait mention :

Et premièrement le fief de Samoy, que tenoit naguère de nous par hommage Guillaume de Samoy, chevalier, et la tient à présent Michel de Vilanes, chevalier, par acquisition faite dudit Samoy, duquel fief le chef est assis en la paroisse de saint-Pierre-du-Regard, et s'estend es paroisses d'Athis et de Condé, sy comme l'on dit ycelle ny fief tenu par demy-fief de chevalier selon le bail qui sur ce nous a esté fait et nous en doit IX et XII sols de l'ayde au vicomte avec droitures et redevances, service que nous y prenons et devons prendre tant à l'égard de notre dit chastel qu'autrement.

Item Jean de Falaise, écuyer, comme propriétaire de Jean de Falaise, comme coustumier, tient de nous à cause de nostre dite châtellenie pour un quart de huitième de fief de chevalier, dont le chef est assis en la paroisse d'Athis et s'estend tant illecques comme Berjou, Saint-Pierre-du-Regard, et nous en font hommage, et huit livres dix-sept sols tournois de l'ayde au vicomte et autres services et redevances que nous y prenons et debvons prendre tout à la garde de nostre dit chastel qu'autrement.

Item Royer Payen, escuier, tient de nous à cause de nostre dite chastellenie une franche vavassorie tenue franchement à cour et usage, à gage plèche, laquelle est assise en la paroisse de Sainte-Honorine-la-Chardonne, en notre chastellenie de Condé, et de la dite vavassorie nous fait hommage avec quatre livres tournois de l'aide au vicomte et autres services et redevances que nous y prenons et debvons prendre tout à la garde etc.....

Item Estienne du Coudray, escuier, tient de nous, à cause de nostre dite chastellenie, un neufyème de fief tenu franchement et noblement à cour et usa ,e, dont le chef est assi en la paroisse de Sainte-Honorine en nostre dite chastellenie de Condé, et nous en fait hommage avec dix livres neuf sols tournois de l'ayde au vicomte et autres services et redevances que etc.....

Item Collin Harivel, escuier, par le transport de Gillette, sa mère, tient de nous à cause de notre dite châtellenie un huitième de fief de Haubert, par foi et par hommage à gage plège, lequel est assis en la paroisse d'Athis, appelé le fief de la Frétangère, lequel tient en parage Raoul du Theil, dudit Harivel et dudit huitième nous fait soixante sols tournois de l'ayde au vicomte et autres.....

Item ledit Harivel, escuier, tient de nous à cause de nostre dite chastellenie, une franche vavassorie appelée le Theil, dont le chef est assis en la par. de saint-Pierre-du-R. et s'estend en la par. de C., de saint-Martin-de-C., et de ladite vavassorie nous fait hommage de vingt sols tournois de l'ayde au vicomte, deux setiers d'avoine chacun an, au terme de Pâques, et autres services et redev.....

Item Jean de Louviers tient de nous à cause de n. d. ch. une franche vavassorie, tenue franchement à cour et usage à gage plège, laquelle vav. est assise en la par. de Berjou en nostre d. c. d. Condé, et nous en fait hommage et LXXVIII sols tournois de l'aide au vic.....

Item Bertelot Theaut, escuier, tient de nous à cause de n. d. ch. une vavassorie qui souloit être tenue franchement à cour et usage par gage plège, laquelle vav. est assise en la paroise de Meray, en nostre d. ch. de Condé, et nous en fait seize sols neuf deniers tournois de l'ayde.....

Un Thomas Reray tient de nous à cause de n. d. ch. une vavassorie appelée le Val, assise en la paroisse de Meray, en n. d. ch. de Condé, et nous en fait vingt sols tournois de l'ayde au vic....

Item Jacques de Galigny, chevalier, tient de nous à cause de n. d. ch. un sixième de fief de chevalier tenu franchement et noblement à cour et usage, nommé le fief de Bréel, et nous en fait hom. et aydes coutumiers, et Raoul Crasse nous en fait par chacun an pour le fief de Euyères, appelé le fief au Pottiers dix livres six sols six deniers tournois de l'ayde au vic.....

Item Jean le Forestier, prestre, nous fait dix livres et un sol tournois de l'ayde au vicomte pour cause de son fief de Duyre.

Item Jean Dadon, esculer, tient de nous à cause de n. d. ch. un quart de membre de Haubert, assis en la paroisse de Croisilles, tenu franchement et noblement à cour et usage, et nous en fait vingt sols tournois de l'ayde..... Autrement, et dudit Dadon tient Robert Aupeix à cause de son dit fief un quart de fief de chevalier qui jadis fut à la Dague Messire Guillaume Avenel, assis en ladite paroisse de Croisilles, nous fait un quart de fief duquel quart ledit Robert à la cour et usage par déplècement à cause de son fief. Item ledit Dadon tient de nous à cause de nostre dite châtellenie, une vavassorie appelée du consentement, assise en ladite paroisse de Croisilles en n. d. ch. de Condé, et nous en fait seize sols tournois de l'ayde..... autrement.

Item Robert Auchel tient de n. à c. d. n. d. ch. un quart de fief de chevalier à cour et usage, lequel fief s'estend en la paroisse de Croisilles, des Pins et des Moustiers, et nous en fait seize sols tournois de l'ayde au vicomte et hommages et autres services..... autrement. Duquel fief Guillaume de Brieux souloit tenir un sixième assis à Brieux, que tient en présent Pierre Biquen, et dont encore Robert Desson a une franche vavassorie que tient à présent Dluville, et est du fief dessus dit qui jadis fut Avenel.

Item notre très cher cousin, messire Jacques de Bourbon, chevalier, tient de nous à cause de sa femme pour cause de nostre dite châtellenie une fieferme tenue franchement à cour et usage, laquelle fieferme est assise en la paroisse de Croisilles en nostre dite châtellenie, de ladite fieferme nous fait par chacun an deux termes, saint-Michel et Pâques, douze livres tournois avec tout autres droitures.

Item Girot Aubert tient d. n. à c. d. n. d. c. le fief de Gille, assis en la p. d'Aunay, et nous en fait vingt-cinq sols huit deniers tournois de l'ayde a. v. avec toutes droitures.

Item Collin du Roussie, esculer, tient d. n. à c. d. n. d. c. un membre de fief de chevalier tenu par demy-fief franchement et noblement à cour et usage, lequel est assis en ladite paroisse de Landes, en n. d. c. de Condé, et dudit Collin tient Guillaume Guisot certaine portion ou page que l'on dit estre au quart de fief assis en la dite paroisse illecque environ, et nous en font toutes droitures.

Item Jean de Beauvais tient de n. à c. d. n. d. c. de Condé un membre de fief de Haubert à cour et usages, assis en la paroisse de Landes, illecque environ. Item un autre fief assis en lad. par. semblablement à cour et usage et nous en fait toutes droitures. Item en ladite chastel. à plusieurs autres membres de fief, tout en franche vavassorie, dons de mariage que autrement tenus de nous comme par manière d'arrière-fiefs pour ce qu'il y a de moyens entre nous à ceux qui possèdent yceux fiefs ou membres de fiefs et dont les noms et dénommement en tant comme à présent en pouvons avoir congnoissanec les parties ensuivant.

Premièrement messire Enguerrand de Vaucelles, chevalier, tient de de nous à c. d. n. d. c. en arrière-fief, une vavassorie franche à cour et usage, assis en la paroisse d'Atbis, en n. d. chastellenie, et nous en fait dix sols tournois de l'ayde au vicomte. L'a dit tenir de Henry de Cuisson, chevalier.

Item Jean de la Houssaye tient de n. à c. d. n. d. c.. en arrière-fief de Jean de Falaise, prestre, un sixyème de fief de Haubert appelé le fief d'Agedelle, tenu franchement à cour et usage, assis en la paroisse de Saint-Pierre-du-Regard, et s'estend en la paroisse de Saint-Martin-de-Meray, et nous fait dix livres six sols tournois de l'ayde au vicomte vec toutes droitures.

Item Raoul Sallet tient de n. à c. d. n. d. c., en arrière fief de Jean de Falaise, escuier, un sixyème de fief assis en la paroisse de Saint-Pierre-du-Regard, à cour et usage, et fut un don de mariage jadis donné à Jean du Breuil, là où ledit Sallet par eschange de Jean du Breuil et de Guillaume son fils, nous en fait toutes droitures.

Item Guy de Sémilly, prestre, seigneur d'Auné, tient de nous à c. d. n. d. c. le fief d'Auné et de Balleroy avec les appartenances en arrière-fief, et le tient par parage de Jean de Messany, chevalier, comte de Gaméanville, comme ayant en soi le droit de Guillaume Crespin et comme trouvé à esle par information faite par avant de nos officiers comme par autres antiens Raouls

Item Guillaume de Sauterel, escuier, tient de nous un fief de chevalier, assis en la paroisse de Landes, en n. d. ch., et de ce est en procéds en notre assise de Condé avec notre procureur pour cause de sa garde pour le sous asge dudit Sauterel.

Item Collin Tindrac, escuyer, tient de nous en arrière-fief des allerons de Condé, une portion de fief franchement à cour et usage, assis en la paroisse de Gouves, en n. d. c., tenue en parage de damoiselle Isabelle Aydrac oson conduit et gardien, et est ycelle portion de fief un don de mariage nommé le fief de Cahaigne.

Item les noms de gens d'église tenant de nous en nostre dite chastellenie de Condé. Premièrement les religieux, abbé et couvent de N.-D. du Val tient de nous une vavassorie tenue à cour et usage, assise en la paroisse du détroit, et nous en font trois sols quatre deniers tournois de l'ayde au vicomté, avec prières et oraisons.

Item le parent et les frères saints et malades de la Maladrie du Bois-Halbout, comme propriétaires, tiennent de nous en pure et franche osmonne un membre de fief à Proucy, assis en la paroisse de Proucy, à cour et usage.

Item les religieux, abbé et couvent du Val Riche, tiennent de nous plusieurs dons à eux faits, où ils n'ont ny cour ny usage assis en la paroisse des Pins du Don, sans nombre de nul pour port. Item ils tiennent de nous la moitié de leur manoir dépendant avec les appartenances, et n'en font autre chose fort prières et oraisons.

Item les religieux, abbé et couvent de N.-D. d'Aulney, tiennent de nous la vierge de leur abbaye et tout le pour prix, les foins, les moulins à blé, à tan, à drap, le vivier, les pescheries, la grange de dessoubs les bois et les jardins qui tiennent environ soixante acres, et en monte de longues IIIXX acres de bois, et ont fours et moulins, fuies et une métairie apprelée le Bréel, assise en la paroisse d'Aulney, où il y a cent acres de terre environ et ont de paroisse d'Aulney, de Banqute et de Balleroy, plusieurs hommes tenant d'eux à simple gage plège, comme bas-justiciers et nous en avons la haute-justice. Et furent faits fondés par Jourdain de Say, chevalier, Richart du Hommet, Guillaume du Hommet, son fils, Enguerrand du Hommet, Guillaume de Semilly, Henry de Semilly, chevalier, et de tout ne font fors prières et oraisons.

Item les religieux, abbé et couvent de N.-D. de Savigny tiennent de nous deux masures ès par. de Proucy et de Saint-Martin-de-Condé, l'une appelée la masure de Boissy et l'autre la masure des avec plusieurs places et maisons assises eu ladite ville de Condé et en la paroisse de Saint-Pierre-du-Regard et sur la dixme de ladite ville et n'en font fors prières et oraisons.

Item les religieux, abbé et couvent de N.-D. de Lonlay tiennent de nous un fief franchement et noblement à cour et usage, à gage plège, assis en paroisse de Saint-Martin de Condé et de Saint Pierre-du-Regard, auquel fief sont incorporés les moulins de la Roque et la place où souloit estre le moulin à vent situés les dits moulins en ladite paroisse du Regard et n'en font fors prières et oraisons.

Item Geoffroy le Conte, prieur des Moutiers, tient de nous un fief assis en la paroisse des Moutiers, franchement à cour et usage.

Lesquelles choses contenues en ce présent bail et dénombrement, baillons, nous, tant pour nous que pour nos hommes tenant fiefs ou membres de fiefs en n. d. chast., terre et seigneurie de Condé, tant ouxte ce que tenus y sommes et selon ce que de ladite terre pouvoir avoir en congnoissance depuis qu'il nous fut demandé que de ce vaillassions dénombre obéissons à baillér toutes fois et quantes fois que congnoissance nous en viendra que plus y en ait. Sur ce que dit est retenons plus à plein de nous fortifier, clarifier, sy mestier est. En thémoin de ce nous avons fait, l'an de grâce MCCCLXXXVII), signé sur le reply par la reine : Godefroy, et scellé. Et au dos est inscrit Constantin et Mortain, pour Madame la Reine Blanche Cottto XX.

P. S. — Amis lecteurs, je vais vous faire connaître ici, dans cet ouvrage, comme la famille issue de feu M. Néel, avocat près la cour d'appel de Rouen, et y demeurant, n'est nullement de notre famille, dont je donne ici un précis généalogique.

André de Néel était le fils de Louis de Néel, écuyer, sieur de Danisy, et de demoiselle Catherine Payen ; leur mariage eut lieu vers l'an 1520. André de Néel, écuyer, sieur de Danisy, épousa Marie Dubois, fille de Louis, écuyer, sieur de Danilly, vers 1563. De leur union est issu Jean de Néel, écuyer, sieur des Noyes, avocat, qui épousa Jeanne le Cher, en 1592. Cette branche s'est éteinte en 1688. Jacques de Néel, écuyer, sieur de Danisy, épousa Jacqueline le Vavasseur, en 1586, et de leur mariage est issu Pierre de Néel, écuyer, sieur de Danisy, lequel épousa Anne de Cairon, vers 1620. De leur mariage est issu Jacques de Néel, écuyer, sieur de Cairon, seul héritier de Pierre et d'Anne de Cairon, desquels est issu Claude de Néel, vivant encore en 1716. Thomas de Néel, écuyer, sieur du Bû, frère de Pierre, sieur de Danisy, et, comme lui, fils de Jacques, sieur de Danisy, et de Jacqueline le Vavasseur. Nous sommes les seuls descendants de Thomas de Néel, sieur du Bû, et frère de Pierre de Néel, sieur de Danisy, duquel je donne la généalogie.

Madame veuve Néel, demeurant à Rouen, à laquelle j'avais procuré des pièces d'écriture pour voir si réellement la famille Néel, habitant la ville de Rouen depuis 1682, était issue de quelque branche de la nôtre ; et cette dame Néel de Rouen, d'après sa manière d'agir, suppose qu'Abraham Néel, natif de la Basse-Normandie, qui faisait profession de la religion protestante et qui était le chef de leur famille, fut arrêté à Rouen en 1682, en passant par cette ville, lors de la révocation de l'édit de Nantes. Il fit abjuration dans l'église de St-Sévère de Rouen en 1682. Elle suppose qu'il est le frère de Jacques de Néel, écuyer, sieur de Cairon, et fils de Pierre et de dame de Cairon. Il était le seul héritier de son père, Pierre de Néel, frère de Thomas de Néel, notre aïeul. Je puis prouver, par des actes authentiques, que Jacques de Néel était le seul enfant vivant de Pierre de Néel, sieur de Danisy.

Je certifie que cet écrit est la pure vérité, et que Madame Néel, née Duquesnay, et veuve du sieur Néel, avocat à Rouen, a trompé la bonne foi de Napoléon III en lui disant qu'Abraham Néel était le frère de Jacques de Néel, écuyer, sieur de Cairon. Elle a vu par le titre que je lui ai envoyé, que ce De Néel fait abjuration de la religion prétendue réformée, et c'est de là qu'elle a conclu qu'il était le frère d'Abraham Néel, leur aïeul.

Mesnil-Hubert-sur-Orne, ce 27 juin 1881.

Signé : LAINÉ DE NÉEL Fils aîné.

Copie conforme, ce 28 mai 1883.

LAINÉ DE NÉEL.

Je donne ici la dernière lettre que j'ai écrite à Madame Néel, au sujet des renseignements que je lui avais procurés pour voir si ses titres se rapportaient aux nôtres, pour avoir de Sa Majesté des titres de noblesse.

Lettre de l'auteur à Madame de Néel
demeurant à Rouen.

Madame,

Ennuyé d'attendre votre réponse à ma dernière lettre, vous me forcez, par votre silence, d'agir contre ma volonté, car, pensez bien, puisque vous ne tenez pas à votre engagement que vous avez pris envers nous, et que vos enfants ne veulent pas non plus (1) ; ainsi, je vais faire connaître la vérité au ministre, garde des sceaux, en lui faisant connaître comment vous avez, par vos ruses, trompé la bonne foi de Napoléon III, de son ministre et du référendaire aux sceaux de France, comme vous nous avez trompé également en nous disant qu'Abraham Néel, le chef de votre famille, était issu de la nôtre, sans nous faire connaître les deux décrets rendus à ce sujet, et je demanderai la vérification de vos titres, afin de vous prouver que vous êtes greffée sur une des branches de notre famille. Je prouverai, par titres délivrés à l'époque des guerres de religion, comme votre famille n'est nullement issue des branches de la nôtre. Votre famille portait bien le nom Néel, sans la particule de. Vous n'avez, j'ose vous le dire, jamais agi envers nous que par ruse, et toujours dans l'intention de nous tromper, et en nous déguisant la

______

(1). L'un de ses fils était procureur de la République dans une petite ville. Je lui ai parlé, il me reçut très mal. Il me dit que les affaires de sa mère ne le regardaient pas, et pourtant il signe de Néel. Il a quitté cette petite ville, et il est procureur dans une autre ville de la Basse-Normandie.

vérité par vos ruses et en ne tenant plus à votre engagement.

Voilà, Madame, la dernière lettre que je vous écris avant d'agir contre vous ; je connais deux anciens ministres de la République, dont l'un d'eux est mon proche parent et l'autre un ancien ami de notre famille, et qui est, ainsi que mon cousin, membre de la chambre des députés ; je connais aussi un autre illustre personnage qui est membre de la chambre des sénateurs et qui, je pense, ne me refuserait pas non plus de me rendre service à ce sujet. Ces Messieurs feraient, j'espère, tout pour moi. L'un des deux ministres m'a offert, étant à son château, ses services.

Ainsi, Madame, je ne vous manquerai pas, et je vous accorde quinze jours pour consulter vos enfants. Passé ce temps, j'agirai, si je ne reçois pas une réponse de vous et de vos enfants, comme ils s'engagent à remplir vos engagements. Pensez bien, Madame, à ce que je vous dis, car rien au monde ne m'empêchera de faire connaître la vérité de point en point. Je ferai une brochure à ce sujet qui sera bien détaillée.

En attendant votre réponse, j'ai l'honneur d'être, Madame, votre serviteur.

Signé : LAINE DE NÉEL.

Ce 10 avril 1882.

P. S. — Voilà peut-être un mois que ma sœur Aurore a écrit une lettre (1) à Madame Néel. Tant qu'à moi, je n'ai pas voulu lui écrire, car c'est une femme de mauvaise foi, qui n'a pour partage que la ruse, les tours et le mensonge. Je suis en droit de lui prouver ce que j'avance ici. D'après sa manière d'agir et d'après les pièces d'écriture que j'ai en ma possession, cette famille n'est pas de la mienne, et elle n'est point noble. S'il y a quelque chose de bon dans la noblesse, c'est de ne pas déroger à l'honneur ; moi je ne connais que ça.

LAINÉ DE NÉEL.

Ce 28 mai 1883.

---

(1). La lettre de ma sœur, comme les miennes, a resté sans réponse.

Nota. — Preuve évidente que Bazaine a été l'auteur principal de la perte de la ville de Metz et de l'invasion de l'armée prussienne-allemande, et par là, il est l'auteur que l'infâme roi de Prusse nous a pris par la trahison. Honte, haine et infamie éternelles à tous ceux qui nous ont trahis et ont livré la France à un ennemi cruel et barbare !

Amis lecteurs, attention ! J'étais le 19 juin chez une bonne et bien respectacle personne, Madame Desvaux François, habitant une jolie maison, avec son estimable mari, à la vallée de Saint-Philbert-sur-Orne. Cette dame est née à quelques lieues de Metz, et depuis longtemps ayant quitté la ville de Paris où ils étaient dans le commerce, ils sont venus habiter la commune qui est le berceau de la famille Desvaux, et qui s'est divisée en plusieurs branches qui, toutes, jouissent de l'estime générale. L'une de ces branches est représentée par Monsieur Emile Desvaux, qui est le maire de cette commune à juste titre. Il jouit non-seulement dans sa commune, mais dans les autres de notre pays, de l'estime et de la considération générale des gens de bien. Cette dame Desvaux m'a dit, en parlant de la guerre de 1870, qu'un jeune homme de son pays, qui faisait partie de l'armée qui était en garnison à Metz, sous les ordres de Bazaine, était de faction, quand il vit entrer dans Metz un haut chef prussien, et qui adressa en allemand la parole à Bazaine : Allez-vous bientôt en finir ? Le traître lui répondit : Je ne leur donne que de la paille à manger et je ne puis les réduire (cette paille était réduite en farine, et on en faisait du mauvais pain). Le soldat connaissait le patois allemand, et il a raconté cela à cette dame ; il lui dit aussi : Je me suis bien repenti de n'avoir pas tué Bazaine et après l'officier prussien ; j'aurais été tué, mais j'aurai sauvé la France ! L'armée mourait de faim, et les chevaux regorgeaient sur le blé ; ils mettaient le foin à faire de la litière. Les misérables coquins avaient vendu la France, il fallait bien la livrer.

Ce soldat dit qu'il avait des cartouches d'ardoise pilée. Il jouait le même rôle qu'il avait fait à la déchéance de Napoléon I**, le grand conquérant, qui ne sut pas mettre de frein à ses passions ni de bornes à son ambition. La déchéance de ces deux souverains a été l'ouvrage des traîtres, et par là, la cause de la mort de plusieurs milliers d'hommes et la ruine de la France et de son peuple, ce qui a mis la désolation dans des milliers de familles.

Je dirai aussi que Mademoiselle Duhamel de Saint-Philbert passe l'âge de quatre-vingt-douze ans. C'est une respectable personne.

LAINÉ DE NÉEL.

Ce 10 juin 1884.

Fin de cet ouvrage.

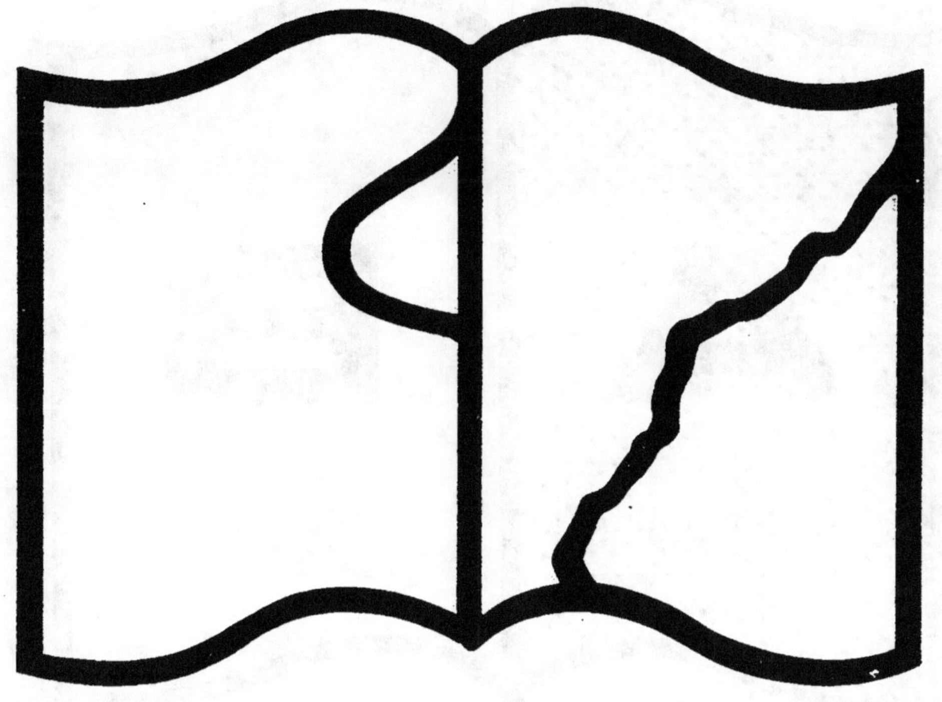

Texte détérioré — reliure défectueuse

NF Z 43-120-11

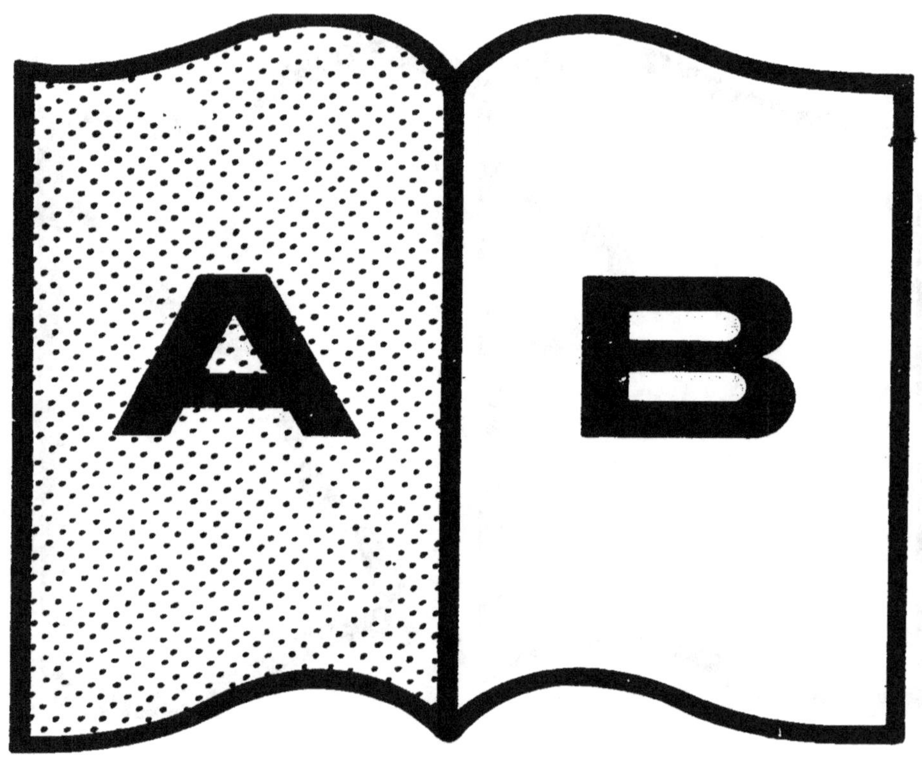

Contraste insuffisant